Bernabe Batchakui

Diagnostic médical autour d'agents pédagogiques émotifs

Bernabé Batchakui

Diagnostic médical autour d'agents pédagogiques émotifs

SYDIME

Éditions universitaires européennes

Mentions légales/ Imprint (applicable pour l'Allemagne seulement/ only for Germany)

Information bibliographique publiée par la Deutsche Nationalbibliothek: La Deutsche Nationalbibliothek inscrit cette publication à la Deutsche Nationalbibliografie; des données bibliographiques détaillées sont disponibles sur internet à l'adresse http://dnb.d-nb.de.
 Toutes marques et noms de produits mentionnés dans ce livre demeurent sous la protection des marques, des marques déposées et des brevets, et sont des marques ou des marques déposées de leurs détenteurs respectifs. L'utilisation des marques, noms de produits, noms communs, noms commerciaux, descriptions de produits, etc, même sans qu'ils soient mentionnés de façon particulière dans ce livre ne signifie en aucune façon que ces noms peuvent être utilisés sans restriction à l'égard de la législation pour la protection des marques et des marques déposées et pourraient donc être utilisés par quiconque.

Photo de la couverture: www.ingimage.com

Editeur: Éditions universitaires européennes est une marque déposée de
Südwestdeutscher Verlag für Hochschulschriften GmbH & Co. KG
Dudweiler Landstr. 99, 66123 Sarrebruck, Allemagne
Téléphone +49 681 37 20 271-1, Fax +49 681 37 20 271-0
Email: info@editions-ue.com

Produit en Allemagne:
Schaltungsdienst Lange o.H.G., Berlin
Books on Demand GmbH, Norderstedt
Reha GmbH, Saarbrücken
Amazon Distribution GmbH, Leipzig
ISBN: 978-613-1-55205-2

Imprint (only for USA, GB)

Bibliographic information published by the Deutsche Nationalbibliothek: The Deutsche Nationalbibliothek lists this publication in the Deutsche Nationalbibliografie; detailed bibliographic data are available in the Internet at http://dnb.d-nb.de.
 Any brand names and product names mentioned in this book are subject to trademark, brand or patent protection and are trademarks or registered trademarks of their respective holders. The use of brand names, product names, common names, trade names, product descriptions etc. even without a particular marking in this works is in no way to be construed to mean that such names may be regarded as unrestricted in respect of trademark and brand protection legislation and could thus be used by anyone.

Cover image: www.ingimage.com

Publisher: Éditions universitaires européennes is an imprint of the publishing house
Südwestdeutscher Verlag für Hochschulschriften GmbH & Co. KG
Dudweiler Landstr. 99, 66123 Saarbrücken, Germany
Phone +49 681 37 20 271-1, Fax +49 681 37 20 271-0
Email: info@editions-ue.com

Printed in the U.S.A.
Printed in the U.K. by (see last page)
ISBN: 978-613-1-55205-2

Table des matières

Dédicace

Je dédie ce travail :

> A ma très chère et tendre épouse Ewane Megni Florence et mes enfants Manuela, Nehemie et Marie Ruth

Préface

La médecine est une science très délicate car elle est au cœur de l'être vivant. Fort de cela, la formation des futurs médecins est à prendre très au sérieux. Les technologies évoluent rapidement. Par conséquent, nous devons à chaque cycle de cette évolution, nous interroger sur l'opportunité que ces technologies nous offrent. Nos institutions de formation dans le domaine médical peuvent-elles êtres dotées des instruments d'apprentissage pouvant permettre aux jeunes médecins d'être immédiatement opérationnels à la fin de leur étude ?

Cette modeste contribution à ma lumière ouvre les portes vers un travail immense qui est celui de la bonne maîtrise de l'être que nous sommes à travers des simulations informatiques. La question fondamentale est la suivante : quand seront nous sûr comme patient que le diagnostic qu'un médecin quel qu'il soit pose est le bon ?

Ewane Megni Florence
IEPM/Cameroun

Abstract

The teaching of Medical diagnosis in medical school has never been easy, since medical students lack real case for their practices.

In such situation, a significant contribution might be a system that generates real cases of evaluation and that lead users towards the mastering of teachings.

We present in this document a resolution approach of that problematic by the use of an emotive pedagogical agent which ensures tutoring once a set of evaluation has been generated by the system.

This work follows others research project that led towards the realisation of an integrated distance learning environment based on Internet (EITI) [Yat 01].

The objective is to integrate to the EITI environment, a system for medical diagnosis (SYDIME) that permits:

-    To professionals (physician) to update a database of real cases (real cases of diagnosis set on patients) accessible to teacher so as to help them to create evaluation based on diagnosis using specific tools.
-    To students to set diagnosis under the supervision and the guidance of and emotive pedagogical agent.

Globally, the aim is to give to medical school and medical training institution a working tool.

SYDIME will be an answer to evaluations need in EITI. That need is known because of the specificity of evaluation in medicine and particular the setting of diagnosis.

Key WORD: Medical Diagnosis, Emotive pedagogical agent, Evaluation.

Chapitre 1 : Introduction

Dans ce chapitre, nous situons le contexte de notre étude et nous posons le problème, nous précisons les enjeux qui justifient notre recherche, ensuite nous donnons le but global que nous voulons atteindre, et enfin nous expliquons comment procéder pour l'atteindre.

I.1 Problématique

Dans le cadre de sa thèse, Roland YATCHOU a exploité les possibilités qu'offre Les nouvelles technologies de l'information et de la communication pour réaliser un environnement intégré de télé-enseignement basé sur Internet (EITI)[YAT 01]. Cet outil bâti autour d'agents intelligents permet de construire des enseignements relevant du domaine scientifique y compris les enseignements médicaux. Les auteurs créent et mettent à jour des éléments de cours et d'exercices à l'aide d'outils divers. Les apprenants interagissent avec le système pour acquérir des connaissances.

L'appréciation de la connaissance dans tous les domaines est basée sur l'évaluation de l'apprenant, elle permet d'analyser les informations de contrôle de connaissances, de tests et d'examens soumis à l'apprenant au cours de son apprentissage. Elle peut prendre diverses formes notamment lors des formations aux techniques médicales.

En médecine, la formation des apprenants s'appuie sur l'aptitude à poser des diagnostics, qui sont des cas particuliers d'évaluation que EITI n'intègre pas. Le médecin en général acquiert une bonne maîtrise de la connaissance après une durée assez longue dans l'exercice de ses fonctions. Il n'existe presque pas de moyens aux enseignants dans les écoles de médecine, de regrouper leurs expériences et ceux des autres professionnels pour les mettre à la disposition des élèves sous forme d'évaluations. Par contre il existe ailleurs, en particulier dans certains écoles de médecine des pays développés des outils pouvant permettre de poser des diagnostics mais ces outils sont généralement très peu ouverts et sont pour la plupart spécialisés c'est à dire liés à une spécialité en médecine.

C'est pour répondre aux problèmes ci-dessus présentés que nous proposons une approche de solution par l'intégration à EITI d'un sous système d'évaluation appelé SYDIME, qui d'une part sera capable de fournir aux professionnels (toutes spécialités confondues) et aux auteurs (enseignants) une interface d'acquisition des cas de diagnostics qui serviront de base à la construction des évaluations, et d'autre part de mettre à la disposition des apprenants un dispositif doté de grandes capacités d'interactions apprenants - ordinateurs grâce aux agents pédagogiques et émotifs.

I.2 Objectifs et démarches

L'intégration à EITI d'un sous système pouvant permettre de poser les diagnostics se justifie par le soucis :

- de renforcer la formation des apprenants en médecine pour leur permettre d'acquérir très tôt des aptitudes à poser des diagnostics médicaux en profitant des acquis des professionnels du domaine,
- de faciliter les échanges d'expériences entre les enseignants du domaine avec la conception d'une base des cas de diagnostics très variés provenant d'horizons divers,
- et enfin d'élargir le champ d'utilisation d'EITI en l'adaptant au contexte réel de la formation relevant du domaine médical.

L'objectif principal de ce travail est de doter EITI d'un système d'évaluation propre au domaine médical et aider à la formation au diagnostic.

Pour atteindre le but présenté ci -dessus, nous allons intégrer autour d'un sous système que nous appelons SYDIME, trois interfaces:

- La première, pour l'acquisition des cas de diagnostic, sera utilisée par les professionnels.
- Une deuxième pour la conception des questionnaires et la composition des devoirs surveillés individualisés (DSI), sera utilisée par les auteurs (enseignants).
- Et une troisième pour permettre aux apprenants de s'évaluer. Cette dernière est contrôlée par un agent pédagogique émotif.

I.3 Plan

Notre travail s'articule autour de cinq chapitres. Le chapitre 1 présente le contexte de notre recherche, dégage les problèmes à résoudre, spécifie les objectifs à atteindre et la méthodologie pour les atteindre.

Le chapitre 2 aborde la littérature dans les domaines qui entourent notre recherche. Nous parlons dans ce chapitre du diagnostic médical, des formes d'évaluation utisées pour poser les diagnostics, et les agents pédagogiques émotifs.

Le chapitre 3 est reservé à l'étude architecturale. Nous présentons les concepts que nous utilisons pour bâtir notre système et ses fonctionnalités.

Dans le Chapitre 4 nous spécifions la technique de modélisation du système et les besoins, nous effectuons la conception du système, puis nous présentons les résultats de notre développement avec en particulier des commentaires sur quelques interfaces spécifiques.

Et enfin, le chapitre 5 concerne la conclusion, il présente une synthèse de nos travaux, donne ses implications, ses limites et ses perspectives.

Nous terminons par la présentation de nos principales références bibliographiques.

Chapitre 2 : Etat de l'art

Nous faisons le point sur le diagnostic médical; il s'agira de le définir, d'expliquer comment cela ce fait, et de dire comment on utilise l'outil informatique pour le faire. Ensuite, nous allons lancer un regard sur les agents pédagogiques émotifs, et comment nous allons l'utiliser dans le système de diagnostic médical (SYDIME).

2.1 Diagnostic médical

2.1.1 Typologie des diagnostics

En général, diagnostiquer une maladie c'est déterminer la cause du mal dont souffre un patient. Les étapes qui mènent au diagnostic comprenant :

- l'interrogation du malade,
- l'examen physique,
- et les examens complémentaires.

Les diagnostics reposent sur les symptômes, les signes et les examens complémentaires et permettent d'arriver à une hypothèse sur la nature de la maladie . On distingue [Enc 02]:

- Le diagnostic positif : c'est ce qu'on pense que le malade a; il peut être un diagnostic de probabilité (éprouvé par des examens complémentaires) ou un diagnostic confirmé.
- Les diagnostics différentiels : ce sont les autres maladies qui ressemblent au diagnostic positif, mais sans être le diagnostic positif. Ils se différencient par des signes en plus ou en moins. A chaque maladie, il peut exister plusieurs diagnostics différentiels; la différence peut venir d'un signe particulier. Pour chaque diagnostic différentiel, on doit pouvoir donner les arguments pour lesquels ce diagnostic n'est pas retenu.
- Le diagnostic étiologique : c'est la cause du mal, on doit pouvoir donner la cause de la maladie dont souffre le patient; pour y parvenir, il faut des examens complémentaires (biologique, radiologies etc.).
- Le diagnostic de gravité: c'est le degré de sévérité de la maladie, il faut donc rechercher les signes de gravité ou de sévérité.
- Le diagnostic topographique : consiste à localiser anatomiquement la région du corps où se trouve la lésion à l'origine de la maladie.

Dans SYDIME, un diagnostic passe par les cinq types de diagnostic présentés ci-dessus. En effet, nous partons du principe qu'en général pour toute maladie, on peut à la fois dire ce que l'on pense que le malade a (diagnostic positif), citer les maladies qui ressemblent à ce qu'on vient de donner (diagnostics différentiels), confirmé le type de maladie donné après les examens (diagnostic étiologique), préciser la gravité de la situation (diagnostic de gravité), et localiser la région du corps où se trouve la lésion à l'origine de la maladie (diagnostic topographique). Le diagnostic pour notre système suivra l'ordre présenté ci-dessus ; on commencera par le diagnostic positif, ensuite suivra le diagnostic différentiel, ainsi de suite. Nous présentons ci-dessous un exemple de cas pratique libellé par un expert pour permettre de mieux comprendre comment nous prenons en compte ces cinq types de diagnostic dans SYDIME. [TIE 02]

Exemple de questionnaire basé sur un cas de diagnostic

Vous recevez en consultation Yvette, âgée de 11 ans, amenée pour gonflement des membres inférieurs et du visage, difficultés respiratoires, d'abord à l'effort, puis sans effort, le tout évoluant depuis deux semaines environ.

Dans ses antécédents, on apprend qu'il y a 3 ans elle a fait une angine, suivie après quelques jours de douleurs articulaculaires, et quelques semaines après de gonflement des membres inférieurs et de visage, de dyspnée. Depuis cette époque, elle reçoit régulièrement le traitement suivant :
- Digoxine 0,25 mg/j
- Aldactazine 1/2 p/jour
- Sans autre mesure d'accompagnement.

Par ailleurs, elle est bien vaccinée. Elle est élève du CM1 et n'a pas de difficulté scolaire. L'enquête des systèmes ne révèle qu'une toux et l'examen physique montre   une orthopnée : température 36°7, poids 30 kg, Fréquence respiratoire FR 36/mn, fréquence cardiaque FC 160/mn.

On note un œdème des membres inférieures, prenant le godet, et du visage. Le choc de pointe est étalé, accompagné d'un frémissement. L'auscultation cardiaque montre un souffle holosystolique d'intensité 4/6, maximun au foyer initial; et aux poumons, la présence de mâles crépitants des champs pulmonaires, le foie est augmentée de volume, le reste l'examen physique est normal.

1. Quel est votre diagnostic positif ?.
2. Quels sont vos diagnostics différentiels ? augmentez les
3. Quels sont les caractères cliniques qui manquent à la description du foie, compte tenu du diagnostic évoqué ?
4. Quel est votre diagnostic étiologique et prévisionnel ?
5. Quels examens complémentaires sont nécessaires pour confirmer le diagnostic ?
6. Commentez ou critiquez le traitement d'entretien que recevait le malade.
7. Proposez un traitement immédiat et à long terme.

Cet exemple présente la démarche que nous suivons à la seule différence que pour le moment nous n'offrons pas la possibilité de porter les critiques à un diagnostic posé.

2.1.2 L'apport de l'informatique

De nos jours, il existe des logiciels informatiques spécialisés qui peuvent grandement aider à l'établissement du diagnostic : sommation des symptômes, analyses de l'association d'anomalies diverses, relevés d'analyses biologiques, etc. Nous pouvons citer :

- **ANEMIE VIRTUELLE** : c'est un module informatisé d'auto-apprentissage médical sur les anémies. L'étudiant qui l'utilise se retrouve dans la même position qu'un médecin en cabinet qui reçoit des patients. Il a été développé en 1996 par Pierre F. Leblond de l'université de Washington à Seattle aux Etats-Unis. C'est un logiciel qui jusqu'à lors est incomplet car ne traite pas de tous les cas d'anémie. Il semble que lorsqu'il sera complété, neuf cas seront inclus dans le simulateur. Son fonctionnement est le suivant : au début de chaque cas, un patient-acteur présente les motifs de sa visite et l'étudiant s'engage dans la simulation en faisant appel aux différents outils qui s'offrent à lui pour diagnostiquer le problème : dossier médical, questions au patient, examen clinique à l'aide d'instruments virtuels, analyses de laboratoire, etc. Au fur et à mesure que la simulation progresse, le guide qui accompagne l'étudiant dans sa démarche l'invite à confirmer ses choix et à émettre des hypothèses. L'étudiant en vient progressivement à formuler un diagnostic et à proposer le meilleur traitement possible [JEA 01] .
- **ATMEDICA.COM**: c'est un portail développé par Atmédica, une société du groupe Vivendi Universal Publishing, dont l'objectif est de développer sur Internet de nouveaux services adaptés aux besoins des professions médicales. Le portail Atmedica.com, ouvert en novembre 1999, se développe et évolue pour mieux répondre aux attentes des médecins : guide de découverte de l'internet, accès haut débit, conférences en ligne, consultation de résultats d'analyses biologiques en ligne, et autres services d'aide aux diagnostics par des exercices pratiques[Atm 01]. Ces exercices sont des QCM posés sur les diagnostics de types positifs ; un cas clinique est décrit à l'apprenant qui aura le bon diagnostic parmi trois ou quatre diagnostic que le système lui proposera. Dans ces exercices de ATMEDIA.COM, le système se contente d'envoyer un message de confirmation du bon ou du mauvais résultat sans aucune explication.
- **ADELE**: c'est le système sur lequel nous avons porté un regard attentif parce qu'il nous a semblé être un point de départ pour le système que nous voulons mettre sur pied. ADELE signifie Agent for Distance Education – Light Edition. Il a été développé par USC- Information Sciences Institutes Center for Advanced Research in Technology for Education (CARTE), les connaissances d'ADELE sont basées sur la médecine, en particulier la médecine dentaire. C'est un logiciel basé Web qui permet aux apprenants de médecine de poser des diagnostics sur des patients virtuels, il peut contrôler les actions d'un apprenant, émettre des suggestions à l'apprenant, et tester la compréhension de l'apprenant.
- **ADM**: il signifie Aide au Diagnostic Médical, c'est un système qui constitue une vaste base de connaissances médicales. Créé il y a une quinzaine d'années, il avait initialement deux objectifs principaux: aider les médecins à porter des diagnostics et leur offrir un

accès rapide à l'information médicale en utilisant les réseaux télématiques. La base de connaissances actuelle couvre l'ensemble de la médecine. Elle comporte les descriptions de 15600 maladies, syndromes et formes cliniques. Elle est associée à un dictionnaire de données riche de 110000 entités et à un répertoire de plus de 45000 mots. La base de connaissances est gérée sur un SGBD relationnel. Elle comporte des tables relatives aux descriptions de maladies, effets indésirables de médicaments, intoxications, des tables relatives aux entités descriptives, et aux mots. Elle est régulièrement mise à jour et testée par les médecins qui alimentent la base [LIM 01].

- **MEDIRAM** : C'est un support CD d'appui à la formation médicale réalisé par ESTEM (Editeur spécialisé dans les ouvrages de formation médical), l'AUPEL-UREF, un comité de médecins, et la GENERALE MULTIMEDIA. Le système lorsqu'il est mis en route, offre à l'apprenant deux possibilités : l'apprenant peut soit opté pour une spécialité dans laquelle il pourra accéder aux éléments de cours, d'exercices (QCM), et de dossiers (cas pratiques réels), soit de s'évaluer uniquement. Dans le premier cas, la spécialité choisie lui est présentée sous forme d'un arbre hiérarchique suffisamment ramifier. Pour chaque nœud de l'arbre, il peut faire des exercices, poser des diagnostics (les diagnostics portent sur les dossiers et sont basés sur les QMC), et accéder aux contenus des notions choisies (Cours en fichier .PDF). Dans le second cas, il doit choisir d'obtenir une évaluation sur un dossier ou un QCM pris au hasard parmi tous les dossiers du système, ou tiré de la même manière parmi les dossiers ou les QCM d'une spécialité de son choix.

- **AIDEDIAG**: c'est un outil et une mémoire, utilisé pour les diagnostics difficiles par exemple les formes atypiques de maladies fréquentes ou les affections rares. C'est une aide à la décision diagnostique médicale assistée par ordinateur ou Internet et dans certains cas une orientation thérapeutique. Réalisé depuis 1985, il comporte actuellement une base de connaissances de 580 maladies et plus de 400 signes, servant à la recherche diagnostique et aussi de bibliothèque électronique . Pour certaines maladies le traitement est résumé. Avec 3000 symptômes et examens complémentaires, il permet de rechercher la probabilité des maladies, les diagnostics étant classés du plus au moins probable[Hor 99].

Nous avons remarqué lors de nos recherches sur Internet qu'il existe très peu de logiciels pouvant aider à poser des diagnostics mais plutôt un nombre important de sites de publication des conseils et expériences des groupes de médecins. Des logiciels que nous avons rencontrés dans le domaine médical, ADELE semble le seul qui utilise la technologie d'agents pédagogiques émotifs; nous allons expliquer dans le paragraphe concernant la revue de la littérature sur les agents pédagogiques émotifs comment ADELE fonctionne et les problèmes qu'il nous pose.

De même les études anatomiques des organes se font de plus en plus par l'analyse informatisée des images (scanner, résonance magnétique, nucléaire) permettant ainsi des diagnostics topologiques précis.

2.1.3 Validation des techniques

Avant d'être validée, une technique de diagnostic doit faire la preuve de son innocuité, de sa reproductibilité et d'une sensibilité supérieure à celle des techniques plus anciennes. Afin d'affiner leurs méthodes de diagnostic, les médecins organisent régulièrement des conférences, au cours desquelles les cas difficiles sont discutés et de nouvelles méthodes d'investigation proposées.

2.2 Les Agents pédagogiques émotifs

Nous avons fait au paragraphe 2.1 une brève étude sur les diagnostics médicaux. Malgré quelques applications de l'informatique rencontrée dans l'enseignement médical, il reste encore trop à faire. Nous avons choisi d'apporter notre contribution informatique à l'enseignement médical par l'exploitation des atouts qu'offre la technologie d'agents pédagogiques émotifs. Qu'est-ce qu'un agent pédagogique émotif ? Comment allons nous l'utiliser dans le système de diagnostic médical(SYDIME)? Telles seront nos préoccupations dans les lignes qui suivent.

2.2.1 Typologie des agents

Il existe plusieurs définitions d'un agent, nous allons nous intéresser à celle de Jacque Ferber qui nous semble assez complète, Jacques Ferber définit l'agent comme une entité physique ou virtuelle :
- qui est capable d'agir dans un environnement,
- qui peut communiquer directement avec d'autres agents,
- qui est mue par un ensemble de tendances [...],
- qui possède des ressources propres,
- qui est capable de percevoir (mais de manière limitée) son environnement,
- qui ne dispose que d'une représentation partielle de cet environnement ,
- qui possède des compétences et offre des services,
- qui peut éventuellement se reproduire,

dont le comportement tend à satisfaire ses objectifs, en tenant compte des ressources et des compétences dont elle dispose, et en fonction de sa perception, de ses représentations et des communications qu'elle reçoit.

La technologie agent permet de résoudre de manière opérationnelle des problèmes complexes. Les applications des systèmes à base d'agents sont multiples. Par exemple:

- la résolution collaborative de problèmes et l'intelligence artificielle distribuée.
- les agents d'interface . Il s'agit de programmes qui coopèrent avec l'opérateur dans son utilisation d'une application informatique. Leur interaction avec l'utilisateur (ainsi qu'avec d'autres agents) leur permet de formuler des plans dont la finalité est d'assister l'utilisateur

dans son travail. Ces agents peuvent par exemple se charger de filtrer les informations qui pourraient être utiles à l'utilisateur ;

- les agents d'information. Ces agents ont accès à une ou plusieurs sources d'information, potentiellement distribuées et hétérogènes. Ils sont chargés de répondre aux questions d'un utilisateur. Il peut s'agir d'agents chargés de parcourir le web à la recherche d'informations sur un sujet précis ou d'agents collectant et agrégeant des informations provenant de bases de données hétérogènes ;

- les agents « réalistes ». L'application de tels agents est directe dans le domaine des jeux vidéo ou de la réalité virtuelle. L'inclusion de personnages réalistes dans un monde simulé implique de leur insuffler un comportement proche de celui des êtres réels, notamment par la simulation de « sentiments » et de buts. L'abstraction agent et la définition de plans propres le permet de manière efficace.

2.2.2 Typologie des émotions

Certains définissent l'émotion comme des changements physiologiques intervenus dans notre corps, pendant que d'autres les traitent comme étant des processus de pensée purement intellectuelles[Eer 01].

Les émotions sont très proches de la perception. Nous ne pouvons comprendre les émotions des uns et des autres qu'à travers la vue, l'audition et le toucher (sensation tactile).

Comprendre l'émotion d'une personne signifie la connaître, ceci signifie construire un modèle d'émotion de cette personne sur lequel nous pouvons nous refléter dans une situation.

L'étude des émotions peut apporter une contribution dans beaucoup de domaines. Par exemple une bonne compréhension de l'émotion peut mener à un bon examen clinique dans le cas de désordres émotionnels comme la dépression, il peut amener les neurologues à une bonne compréhension de la constitution du cerveau. La théorie de l'émotion peut contribuer en psychologie, philosophie et intelligence artificielle[Ian 97].

Avoir les émotions est la question la plus profonde dans la recherche sur l'informatique affective car la sensation a toujours été considérée comme ce qui différencie la machine de l'être humain. A l'issus de cette question sur la sensibilité d'un ordinateur il en ressort qu'on peut arriver à un ordinateur ayant une conscience or la conscience est un prérequis pour certaines émotions humaines, comme la honte par exemple. En effet si vous n'avez pas de conscience, il n'y aura pas de raison d'avoir honte de quoi que ce soit.

Picard a proposé un modèle de quatre composants qui doivent être présent dans un système s'il doit être émotionnel [Pic 98]. Ces composants sont :

- **émotions émergentes** , attribuées aux systèmes basés sur leur comportement émotionnel observable, spécialement lorsqu'un système n'a pas un mécanisme interne ou représentation des émotions. Un ordinateur Mac présente une figure similaire au démarrage et il peut être vu comme ayant une émotion positive au service de l'utilisateur. En réalité le Mac n'a pas d'émotion c'est juste une perception de cette émotion émergente.
- **Les émotions primaires rapides**, qui sont des réponses innées, par exemple nous pouvons paraître surpris, fâché, effrayé avant que le signal d'un événement n'arrive. Ces émotions primaires travaillent à travers deux motifs de système de reconnaissance: un système qui réagit rapidement et peut déterminer le cortex et un système qui est lent mais précise.
- **Les émotions cognitives**, nécessitant un raisonnement cognitif dans leur génération, compléter une tâche difficile génère une instance du sentiment de satisfaction.
- **L'expérience émotionnelle**, un système sentimental est capable de marquer son comportement émotionnel et comprendre son propre système affectif. Il peut être qualifié d'avoir une conscience rudimentaire de son comportement émotionnel. Le Second aspect de l'expérience est la conscience physiologique d'accompagnement. Pour l'être humain ceci inclus, le battement du cœur, la respiration et plus. On peut ajouter à ces ordinateurs un sens qui peut discerner leur état physique. Un troisième aspect de l'état émotionnel est le sentiment qui nous permet de reconnaître subjectivement si quelque chose est bon ou mauvais, si nous aimons ou non quelque chose. La dernière composante est l'interaction du corps et l'esprit. Les émotions influencent la prise de décision, la perception, l'intéressement, le savoir, la priorité, la créativité etc.

2.2.3 L'informatique affective

L'intégration de l'émotion dans la machine fait partie de l'informatique affective. Nous pouvons tous gérer nos émotions. Les émotions peuvent être des pouvoirs motivateurs. Un ordinateur ayant une intelligence émotionnelle est celui qui :

- est habile à comprendre et exprimer ses propres émotions,
- reconnaît l'émotion des autres,
- régularise l'affection,
- utilise les humeurs et les émotions pour motiver les comportements d'adaptation.

La reconnaissance de l'émotion dans d'autres personnes inclut le raisonnement à propos de ce que l'émotion doit probablement générer dans une situation, comprendre ce qui est important pour d'autres, leurs buts, leurs préférences et leurs préjugés.

Régulariser la réaction émotionnelle de quelqu'un est une réaction d'adulte civilisé. L'habileté à utiliser les émotions avec soi et autrui pour des buts cognitifs élevés comme le savoir, la créativité, et l'attention est une puissante technique. Ce composant de l'intelligence émotionnelle dépend des trois capacités de l'informatique affective présentée plus haut (reconnaître les émotions, exprimer les émotions et avoir les émotions). Un ordinateur qui a les émotions doit être conscient de cela, et doit être capable de les réguler et les utiliser.

Scott Reilly and Joseph Bates dans "Emotion as part of Broad Agent Architecture" [Sco 01], presentent l'expression globale de l'émotion chez l'ordinateur :

1- L'ordinateur peut exprimer l'émotion comme un être humain : par exemple présenter une face pour communiquer l'émotion aux utilisateurs.

2- Un ordinateur qui salue au démarrage peut informer sur intonation de la voix sur le résultat des tâches précédentes ou sur son statut courant.

3- Un ordinateur qui est informé sur la situation d'apprentissage d'un apprenant peut réagir en lui communiquant les messages ou en lui présentant des images pour attirer son attention.

4- Un ordinateur ne peut exprimer effectivement l'émotion que s'il est capable de partager et amener son utilisateur déprimé à devenir content.

Nous avons défini ci-dessus ce que c'est qu'un agent, et ce qu'on entend par émotion. C'est quoi un agent pédagogique émotif ? En effet, Johnson définit les agents pédagogiques comme des agents autonomes qui aident à la formation des humains en interagissant avec eux dans un environnement d'enseignement interactif [Joh 98]. Si l'agent pédagogique est émotif, ceci signifie qu'il intègre au moins l'un des quatre composants ci-dessus cités, proposés par Picard dans son modèle de système émotionnel [Pic 98]. Nous intégrons dans notre système le modèle des émotions cognitives; l'agent pédagogique émotif de SYDIME génère les émotions à la suite d'un raisonnement cognitif.

Dans les paragraphes qui suivent, nous allons citer quelques agents pédagogiques émotifs que nous connaissons, puis nous allons préciser ce qui ce fait en technologie d'agents pédagogiques émotifs pour les systèmes de diagnostics médicaux.

2.2.4 Etude de quelques agents pédagogique émotifs (APE)

Il existe des agents pédagogiques émotifs, nous pouvons citer :

- **STEVE**
  STEVE signifie SOAR Training Expert for Virtual Environments, c'est un prototype avancé , conçu pour interagir avec les apprenants dans des environnements virtuels. Il a été appliqué à l'enseignement des tâches navales comme des opérations à bords des engins, en particulier ceux de US NAVAL. Il offre une riche interaction entre humains et agents. L'apprenant peut visualiser l'agent dans une steroscopie 3D et suivre sa conversation[John 98].

- **ADELE**

   Adele signifie Agent for Distance Education – Light Edition, c'est un agent pédagogique autonome supportant le raisonnement humain lors des interactions avec l' apprenant dans un environnement d'apprentissage interactif. Il est construit pour se comporter comme un être vivant animé. A cet effet , l'architecture de Adele est composée de quatre élément essentiels : L'agent pédagogique, le simulateur, le système, client/serveur et la base de données. Adèle fonctionne suivant un processus décentralisé. La gestion du cours se fait au niveau du serveur, mais le cours est servi localement à partir d'une copie d'Adele sur CDROM sur chaque station élève. Un agent interagit avec l'apprenant lorsqu'il travaille sur les matières du cours WEB. Il prend en charge le suivi de l'apprenant, enregistre ses actions, adapte la présentation du document pédagogique à ses besoins et retourne les données de ses performances au serveur. Cette approche à des objectifs de limiter les connections à Internet [Yat 00].

- **LANCA**

   LANCA est une réponse aux récentes orientations de l'apprentissage sur Internet. Il a été proposé par Frasson et Gouardères [Gou 98]. Il présente une architecture de quatre agents cognitifs en réseau, dont un agent pédagogique qui utilise le modèle de l'apprenant, l'analyseur des processus et plusieurs stratégies pour superviser l'apprentissage, détecter les faiblesses de l'apprenant dont il trace les interactions avec le système.

Dans la littérature sur les agents pédagogiques, quatre stratégies sont généralement présentées:

- **La stratégie de tuteur** : Dans cette stratégie, l'agent encadre l'apprenant en mode pas à pas
- **La stratégie compagnon** : cette stratégie est utilisée lorsque le taux de confiance est moyen. Elle adopte alors approximativement le même niveau que celui de l'apprenant.
- **Stratégie conseiller** : cette stratégie est adoptée lorsque le taux de confiance est bon. L'agent adopte le niveau immédiatement supérieur à celui de l'apprenant.
- **Stratégie Perturbateur** : c'est quand le taux de confiance est très élevé, l'agent perturbateur intervient ponctuellement pour orienter l'apprenant sur une fausse piste.

Des stratégies sus cités, nous précisons au chapitre 3 (méthodologie) quel type de stratégie nous utilisons.

2.3 Agents pédagiques émotifs pour les SDM

Dans nos investigations, nous avons constaté qu'en matière de diagnostic médical, il existe très peu pour ne pas dire prèsque pas de système basé sur la technologie d'agent pédagogique émotif , ceci s'explique par le fait que la technologie d'agents émotifs est très récente. Malgré nos nombreuses recherches sur internet seul ADELE a été retouvé dans le domaine médical, ADELE officie dans deux domaines : le diagnostic clinique et l'intervention en salle d'urgence. Le système comme nous l'avons vu par ailleurs (2.1 et 2.2) comprend deux composantes principales. L'agent pédogogique émotif lui-même se présente sous la forme d'un microprogramme (" applet ") écrit en langage Java et fonctionnant dans une fenêtre sur l'écran. En parallèle, un module de simulation affiche les scènes et les instruments médicaux. Adele fait des allusions, donne des explications et interroge l'élève pour vérifier sa compréhension. Elle intervient sur les choix de l'étudiant en déclarant, par exemple : " *Avant de décider de faire une radiographie de la poitrine, vous devriez examiner l'état de la lésion.* " Si l'enchaînement des décisions de son élève lui semble suspect, Adele peut aussi décider de lui imposer un questionnaire de contrôle de ses connaissances.

Bien qu'Adele soit assez élaboré dans sa conception et sa mise en œuvre , il a quelques inconvenients :

- il est propriétaire, dont ne peut facilement être accessible par toutes les institutions d'enseignement médical,
- le système fonctionne sur un ensemble de cas prédéfinis à l'avance; le chemin d'apprentissage est le même pour tous les apprenants.
- il a été conçu dans un contexte différent du contexte Africain.

Nous voulons un environnement générique, adapté au contexte d'enseignement en Afrique, facilement accessible par nos institutions d'enseignement médical, et offrant une possibilité de générer autant de cas pratiques possibles divers et variés.

Chapitre 3 : Méthodologie

Ce chapitre concerne l'architecture de notre système ; nous présentons la stratégie de diagnostic du SYDIME au niveau des questionnaires que nous construisons pour les évaluations qui amènent à poser les diagnostics et de l'agent pédagogique émotif qui interagit avec l'apprenant, nous exposons les types de questionnaires que nous utilisons, puis nous présentons l'architecture de l'agent pédagogique émotif.

3.1 stratégie de diagnostic

3.1.1 Agent pédagogique émotif

Des stratégies vues au 2.2.4 nous combinons la stratégie tuteur et la stratégie conseiller avec un accent sur la stratégie conseiller. Les réactions émotionnelles du système sont de nature cognitives. En effet l'agent pédagogique émotif du SYDIME est capable:

- de réagir dans le but de guider l'apprenant dans une prise de décision (stratégie tuteur); en exhibant une émotion pour lui montrer qu'il est entrain de se tromper. Si l'agent pédagogique émotif n'est pas satisfait d'une réponse, il exhibe une image qui exprime cette insatisfaction.
- d'interrompre l'apprenant pour lui proposer de l'aide. Ceci s'il constate qu'il ne progresse pas dans ces évaluations.

Les différentes réactions de l'agent sont basées sur la situation dans laquelle l'apprenant se trouve à un moment donné de son évaluation.

3.1.2 Les questionnaires

Comme nous l'avons précisé par ailleurs, pour des raisons de simplifier dans un premier temps, nous avons choisi de bâtir notre système autour des questionnaires de type QCM et QB. D'autres types de questionnaires seront intégrés au système progressivement. Pour avoir de plus ample connaissance sur ces types de questionnaires, nous allons les présenter dans le paragraphe 3.2 ci-dessous, nous irons un peu plus loin en présentant aussi celles que nous intégrerons plus tard.

Un diagnostic est une évaluation constituée de questionnaires de types QCM et QB, portant sur les cinq types de diagnostic cités au 2.1 (positif, différentiel, étiologique, de gravité et topographique) et se rapportant à un cas clinique. Un DSI (devoir surveillé individualisé) est un ensemble d'évaluations.

Comment se présentent une question à choix multiples (QCM), une question binaire (QB), et les autres types de questionnaires qui seront intégrés dans le temps au système comme les questions ouvertes (QO), les questions lacunaires (QL) , et les questions à choix croisées (QCC). C'est l'objet du paragraphe qui suit.

3.2 Typologie des questionnaires

3.2.1 Questionnaires intégrés au SYDIME

3.2.1.1 Question à choix multiple (QCM)

Une question à choix multiple est un test de mémoire, une épreuve d'identification et de discrimination. Pour une question soumise à la réflexion de l'élève, des éventails de choix possibles lui sont donnés. L'apprenant désigne la (ou les) réponses exactes de propositions suggérées (qui ont des valeurs vraies ou fausses) :

- La proposition à choisir doit être exacte et sans contestation possible.
- Il s'agit d'un modèle où la question posée est accompagnée d'un ensemble de réponses potentielles.

Une question à choix multiple est de la forme suivante :

- **Type1** : Cas textuel
    Question
        Réponse1
        Réponse2
        Réponse3

L'interaction avec l'apprenant est gérée par les indications qui sont chacune liée à une réponse potentielle. Et donc le but est de conduire l'apprenant au bon choix tout en enrichissant son champ de connaissance.

Chaque réponse s'accompagne d'une indication correspondante, laquelle constitue le feed-back retourné au système au cas où ce choix serait effectué.

Exemple concret

Entourez le ou les signes(s) n'appartenant pas au choc cardiogénique.

    A-Turgescence des veines jugulaires
    B- Hépatomégalie douloureuse
    C- Index cardiothoracique à 0,50
    D- Pli cutané abdominal persistant

- **Type 2** : Cas graphique 1
    Très semblable au cas textuel, sauf qu'ici, une image accompagne la question posée et en est une pièce maîtresse ou illustrative. L'ensemble se présente comme suit :

☐   Réponse 1

☐   Réponse 2

☐   Réponse 3

Zone Image

- **Type3:** Cas graphique

Le modèle de base est le même à la seule différence que les réponses potentielles se présentent comme suit :

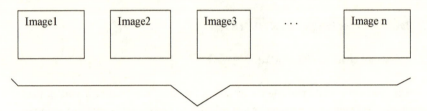

Réponses potentielles

- **Type4:** Cas graphique 3

Le modèle de base reste toujours le même mais, on a une image qui est découpée en zones actives, chacune jouant le rôle d'une réponse potentielle. Ce découpage est logique et sur le plan physique, il est transparent à l'apprenant. Un système de coordonnées adéquat permet de gérer convenablement les zones ainsi obtenues.

ILLUSTRATION

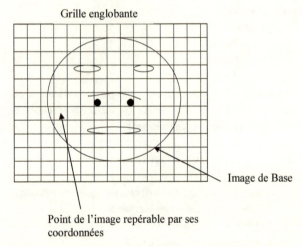

Grille englobante

Image de Base

Point de l'image repérable par ses coordonnées

3.2.1.2 Question Binaire (QB)

Une question binaire est une épreuve d'identification et de discrimination élémentaire. Une seule proposition est soumise à l'apprenant qui doit choisir entre deux valeurs exclusives. Soit Vrai/Faux, soit Oui /non. Sa simplicité exige néanmoins un travail d'observation et de réflexion complexe antérieure au choix demandé. Pour évaluer le niveau du savoir acquis, il faut poser un grand nombre de questions binaires successives, couvrant l'ensemble des thèmes du domaine évalué.

C'est un modèle où la question posée est en réalité une proposition. De ce fait, elle a une valeur de vérité unique et non ambiguë. La question est accompagnée d'un système de choix binaire. Elle est de la forme :

- **Type textuel :**
  Question
  > *Réponse1*
  > *Réponse2*

  Une indication peut accompagner la proposition de référence.

  Exemple concret

  Répondez par vrai ou par faux (oui ou non)

  Dans le pupma vasculaire, le taux de plaquette est normal.

- **Type Graphique :** la situation est semblable à celle du type 2 dans les questions à choix multiple i.e. qu'on a une image qui permet de préciser la proposition ou de l'illustrer.

3.2.2 Les autres types de questionnaires

3.2.2.1 Question lacunaire (QLA)

Une question lacunaire ou question à trou, fait partie des formes ouvertes. Les réponses ne sont pas proposées à l'apprenant.

Les QLA permettent de déclencher des opérations mentales simples ou complexes (raisonnement logique, synthèse). Les consignes doivent être claires sur la nature de la réponse attendue. Un message à compléter ou à modifier est soumis à l'apprenant :

- Soit certaines informations sont remplacées par des espaces vides (exercices lacunaires) ;
  Type 1 : Les lacunes sont comblées en saisie, et les termes à utiliser ne sont par conséquents pas prédéfinis. Ce type accentue l'effort de la mémoire de l'apprenant et met ses connaissances orthographiques à l'épreuve.
- Soit certaines informations faussent le sens du message (message à erreurs) ;
  Type 2 : Les lacunes proprement dites n'existent pas. Mais on a plutôt des mots à remplacer ou à modifier. Cela peut être :
  - o Des verbes d'un texte qu'il faut mettre au temps qui convient
  - o Des verbes d'un texte qu'il faut mettre au temps indiqué
  - o Des mots d'un texte qu'il faut accorder ou en corriger l'orthographe
  - o Etc....

La question lacunaire se présente ainsi qu'il suit :

syntaxe

Combler les lacunes du texte suivant par les mots qui conviennent.

Texte1 _____......._____..........**Textei** _____......._____ **Textn** .

Où **Textei** est un bout de phrase pouvant être éventuellement vide. L'ensemble constitue le texte de référence.

_____ est une lacune à combler.

Exemple concret

Le score de silverman maximal dans la détresse respiratoire du nouveau-né est de ....

3.2.2.2 Question ouverte (QO)

C'est un modèle où la question n'est accompagnée d'aucune suggestion de réponse. L'apprenant produit totalement sa réponse. Toute proposition de réponse devient alors possible, la bonne réponse étant unique et précise selon le système de mesure adopté. Ce type de question pose deux problèmes :

- Soit la réponse est simple (quelques mots), elle s'apparente aux questions lacunaires avec une lacune.
- Soit la réponse est complexe (phrase longue ou texte) alors on fait appel aux systèmes experts.

Ce modèle a la forme suivante :

- **Type Textuel**
  Question
      Réponse de l'apprenant _____
  Tout comme dans les questions binaires, une indication optionnelle peut accompagner la question, afin d'éclairer l'apprenant.

- **Type Graphique**
  Pour ce qui est du modèle graphique correspondant, on peut ajouter à l'énoncé, un élément graphique qui servira d'illustration ou d'élément de question posée.

    Question   Image accompagnatrice

Réponse de l'apprenant

3.2.2.3 Question à choix croisés (QCC)

Elle fait partie de la famille des questions où l'apprenant produit lui – même la réponse en mettant en corrélation les termes donnés de la réponse.

Elle permet de tester la maîtrise acquise par l'apprenant dans l'application exacte des règles, mais également dans la structuration mentale correspondante.

Au moins deux ensembles de propositions sont soumis à l'apprenant qui doit mettre en correspondance une ou plusieurs propositions d'une liste avec celles d'autres listes.

Une proposition d'une liste peut correspondre à une seule autre d'une liste différente : c'est la corrélation simple ; il s'agit d'un modèle dans lequel on propose une série de questions et une série de réponses potentielles, chaque question ayant une réponse unique. Le problème consiste à former les couples de choix concordants.

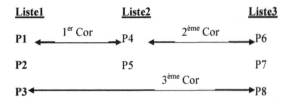

Ou bien une proposition d'une liste peut correspondre à plusieurs propositions d'une ou plusieurs listes différentes :

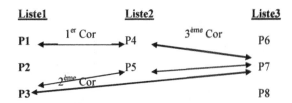

La corrélation simple est de la forme suivante :
Associer à chaque élément de gauche l'élément correspondant à droite

Question 1	☐	Réponse 1	☐
...	☐	...	☐
Question N	☐	Réponse M	☐

Notons qu'on peut avoir $M > N$, $M < N$ ou $M = N$

23

Exemple concret

Associez les signes suivants (en lettres) avec les mécanismes de choc correspondant (en chiffre).

Signes :

    A- Déshydratation importante

    B- Fièvre, pupma , splénomégalie

    C- Injection de médicament, niticaire, purit

    D- Cardiomégalie

Mécanismes de choc :

    1- Hypocolémique

    2- Cardiogénique

    3- Septique

    4- Anaphylactique

<u>*Sur le plan Graphique*</u>

Il y a le cas d'un schéma à annoter, et les idées développées dans le cas des textes s'appliquent ici pour en étendre le champ d'application. Le mécanisme des grilles intervient ici pour la spécification des zones à annoter.

ILLUSTRATION

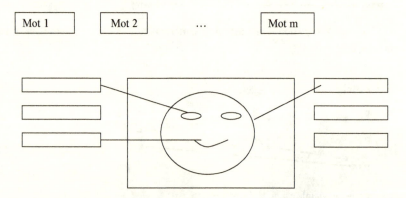

Un autre type est celui de l'assemblage (puzzle). Chaque fragment de l'image originale devant être associé à la zone d'écran qui lui revient. Une fois de plus, le mécanisme de grille et de coordonnées s'avère efficacement indispensable.

3.3 Architecture de l'agent pédagogique émotif (APE)

L'agent reçoit de l'utilisateur des réponses aux questionnaires. Ces réponses reçues sont comparées aux éventuelles réponses qui ont été stockées dans une base de donnée par l'auteur(enseignant) et qui sont des connaissances de l'agent , grâce aux règles intégrées à l'agent pédagogique émotif, il peut réagir :

- en exhibant une image provenant d'une base d'émotions pour exprimer dans quel état l'apprenant se situe , l'amenant ainsi à s'exprimer autrement,
- en lui donnant une série de questionnaire pour le préparer à un DSI,
- en lui fournissant le DSI suivant,
- en mettant à jour le profil de l'apprenant dans la base des apprenants d'EITI.

Des descriptions que nous avons effectuées, nous tirons l'architecture de l'agent pédagogique émotif représenté ci-dessous.

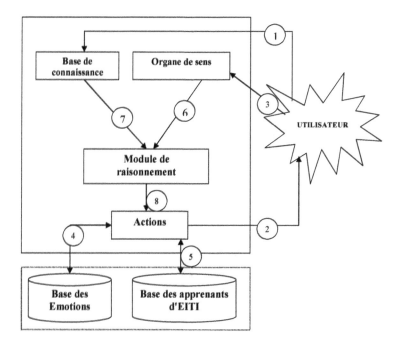

<u>Légende</u>

1. Renseignement de la base de connaissance de l'agent, cette base de connaissance représente l'état interne de l'agent. Ce renseignement se fait suivant la vue de l'auteur.

2. Envoi des messages ou émotion ou DSI suivant vers l'utilisateur

3. Perception de l'agent; réception des résultats de l'apprenant

4. Contact avec la base des émotions pour choisir l'émotion correspondant au profil ou à l'état actuel de l'apprenant.

5. Contact avec EITI pour la mise à jour du profil de l'apprenant dans la base des apprenants du système.

6 et 7 phase d'envoie du résultat de l'apprenant et de l'état actuel du système au module de raisonnement.

8. Vers l'action à prendre une fois le raisonnement effectué.

Chapitre 4 Réalisation

Nous présentons la technique que nous utilsons pour modeliser notre système, nous analysons les besoins de SYDIME, nous le concevons, nous présentons son architecture générale, et nous décrivons sa mise en œuvre.

4.1 Modelisation

Le terme modélisation est souvent employé comme synonyme d'analyse, c'est -à-dire de décomposition en éléments simples, plus faciles à comprendre. En informatique, la modélisation consiste tout d'abord à décrire un problème, puis à décrire la solution de ce problème [Uml 97]. Dans ce paragraphe, nous présentons très sommairement les techniques de modilisation et le langage que nous utilisons pour modeliser, nous analysons les besoins, et nous concevons le système.

4.1.1 Technique de modélisation

Il existe plusieurs approches pour la modélisation des systèmes d'information, les plus récentes sont :

- **L'approche orientée Objet** : Il consiste simplement en la projection des phénomènes significatifs de la vie organisationnelle sous forme d'objets informationnels évolutifs [Rol 95]. Elle permet une très bonne représentation des aspects structurels et dynamiques des systèmes. Par contre il n'est pas adapté au développement des systèmes concurrents où interviennent les notions de communication, de coopération et d'autonomie [Yat 01].
- **Approche orientée Agent** : c'est une généralisation de l'approche orientée objet. Il permet de palier aux insuffisances de l'approche orientée objet présentée ci-dessus. Un Agent est vu comme un objet autonome et intelligent, équipé de connaissance et de capacité de raisonnement à même de lui permettre de satisfaire divers buts[Yat 01]. Il garantit l'habileté à construire un système flexible, avec un comportement complexe et sophistiqué en combinant des composants fortement modulaires [Gio 01].

Nous allons utiliser pour notre système une approche orientée objet car notre système n'est pas à prédominance agent. UML sera choisi comme langage pseudo-formel. Qu'est-ce que UML?, comment modéliser avec UML ?.

4.1.1.1 UML : Définitions et Concepts

UML est un langage pseudo-formel, UML est fondé sur un métamodèle, qui définit :

- les éléments de modélisation (les concepts manipulés par le langage),
- la sémantique de ces éléments (leur définition et le sens de leur utilisation).

Un métamodèle est une description très formelle de tous les concepts d'un langage. Il limite les ambiguïtés et encourage la construction d'outils. Le métamodèle d'UML permet de classer les concepts du langage (selon leur niveau d'abstraction ou domaine d'application) et expose sa structure.

Dans le cadre de la modélisation d'une application informatique, les auteurs d'UML préconisent d'utiliser une démarche :

- **itérative et incrémentale** : l'idée dans cette démarche c'est que pour modéliser un système complexe, il vaut mieux s'y prendre plusieurs fois, en affinant son analyse par étape. Cette démarche devrait aussi s'appliquer au cycle de développement dans son ensemble, en favorisant le prototypage. Le but est de mieux maîtriser la part d'inconnu et d'incertitudes qui caractérisent les systèmes complexes.
- **guidée par les besoins des utilisateurs du systèmes** : avec UML, ce sont les utilisateurs qui guident la définition d'un modèle; le périmètre du système à modéliser est défini par les besoins de l'utilisateur (les utilisateurs définissent ce que doit être le système), le but du système est de répondre aux besoins de ces utilisateurs (les utilisateurs sont les clients du système). Les besoins des utilisateurs servent aussi de fil rouge, tout au long du cycle de développement (itératif et incrémental); à chaque itération de la phase d'analyse, on clarifie, affine et valide les besoins des utilisateurs, et à chaque itération de la phase de conception et de réalisation, on veille à la prise en compte des besoins des utilisateurs, puis à chaque itération de la phase de test on vérifie que les besoins des utilisateurs sont satisfaits.
- **centrée sur l'architecture logicielle :** une architecture adaptée est la clé de voûte du succès d'un développement; Elle décrit des choix stratégiques qui déterminent en grande partie les qualités du logiciel (adaptabilité, performances, fiabilité...).

Nous allons intéresser à la démarche guidée par les besoins d'utilisateurs appelée couramment les cas d'utilisation.

4.1.1.2 UML : Les cas d'utilisation

Définition

Les cas d'utilisation décrivent sous forme d'actions et de réaction, le comportement d'un système du point de vue d'un utilisateur. Il permet de définir les limites d'un système et les relations entre le système et l'environnement.

Les cas d'utilisations associés aux techniques objet permettent une approche pour l'ensemble du cycle de vie, depuis le cahier de charge jusqu' à la réalisation.

Un cas d'utilisation est une manière spécifique d'utiliser un système. C'est l'image d'une fonctionnalité du système , déclenchée en réponse à la stimulation d'un acteur externe.

Intérêt des cas d'utilisation

Les cas d'utilisation recentrent l'expression des besoins sur les utilisateurs, en partant du point de vue très simple qu'un système est avant tout construit pour ses utilisateurs.

Le formalisme de cas d'utilisation est basé sur le langage naturel, est accessible sans formation particulière des utilisateurs, qui peuvent exprimer leurs attentes et leurs besoins en communiquant facilement avec les experts du domaine et les informaticiens. La terminologie employée dans la rédaction des cas d'utilisation est employée par les utilisateurs dans leur vie de tous les jours, de sorte que l'expression des besoins s'en trouve grandement facilitée.

Les cas d'utilisation focalisent l'effort de développement sur les vrais besoins.

Les cas d'utilisation concrétisent le futur système dans une formalisation proche de l'utilisateur; ils favorisent la définition d'un cahier des charges qui reflète réellement les besoins même en l'absence d'un système à critiquer.

Modèle des cas d'utilisation

Le modèle des cas d'utilisation comprend les acteurs du système et les cas d'utilisation eux-mêmes.

Les acteurs représentent un rôle joué par une personne ou une chose qui interagit avec un système. Les acteurs se déterminent en observant les utilisateurs directs du système ceux qui sont responsables de son exploitation ou de sa maintenance.

SCHEMA ILLUSTRATIF

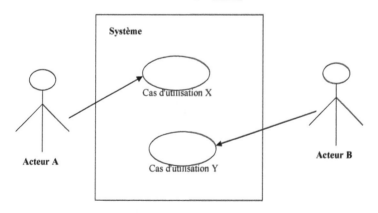

La détermination des acteurs permet de préciser les limites du système de manière progressive: floues au départ, elles se précisent au fur et à mésure de l'élaboration des différents cas d'utilisation.

Il existe quatre grands catégories d'acteurs:

- **Les acteurs principaux :** se sont eux qui utilisent les fonctions principaux du système.
- **Les acteurs secondaires :** effectuent des tâches administratives , ou de maintenance.
- **Matériel externe :** regroupe les matériels incontournables qui font partie du domaine de l'application et qui doivent être utilisés.
- **Les autres systèmes :** catégorie de système avec lequel le système doit interagir.

Une fois identifié, les acteurs doivent être décrits de manière claire et concise, en trois ou quatre lignes maximum.

Un cas d'utilisation regroupe une famille de scénaris d'utilisation selon un critère fonctionnel. Les cas d'utilisation sont des abstractions du dialogue entre les acteurs et le système.

Un cas d'utilisation doit être vu comme des classes dont les instances sont des scénaris.

Construction des cas d'utilisation

Le diagramme des cas d'utilisation représente les cas d'utilisation, les acteurs et les relations entre les cas d'utilisation et les acteurs. UML définit trois types de relation entre acteurs et cas d'utilisation :

- **La relation de communication**

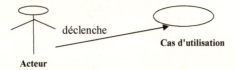

déclenche

Cas d'utilisation

Acteur

- **Relation d'utilisation**

<<utilise>>

Cas d'utilisation B

Cas d'utilisation A

Une instance de A comprend également le comportement décrit par B.

- Relation d'extension

Cas d'utilisation B

Cas d'utilisation A

Construction des cas d'utilisation

Pour le faire il faut se demander :

- Quelles sont les tâches de l'acteur ?
- Quelles informations l'acteur doit-il créer, sauvegarder, modifier, détruire ou simplement lire?
- L'acteur devra -il informer le système des changements externes
- Le système devra -il informé l'acteur des conditions internes ?

4.1.2 Modelisation de SYDIME

4.1.2.1 Analyse des besoins

L'objectif est de mettre sur pied un système qui doit :

- fournir les évaluations aux apprenants, tout en les guidant dans la resolution de ces évaluations en faisant intervenir un agent pédagogique émotif,
- permettre aux auteurs(enseignants) d'utiliser des cas de diagnostics stockés dans une base de cas pour construire des évaluations.
- permettre aux auteurs de construire des tests pour la compréhension des notions du cours,
- permettre aux auteurs de construire des devoirs surveillés à partir des évaluations stockés.
- générer des questionnaires pour chaque type de diagnostic de l'évaluation (les QCM et QB)
- permettre aux professionnels de concevoir des cas de diagnostic, ou de consulter les cas de diagnostics qui existent dans le système pour besoin d'information.
- Permettre au apprenant de faire les devoirs surveillés, et les tests, qui lui sont présentés par un agent pédagogique émotif qui doit interagir avec la base des apprenants d'EITI pour mettre à jour le profil de l'apprenant , accéder à une base des émotions pour présenter à l'apprenant un état émotif qui cadre avec la situation dans laquelle l'apprenant se trouve, et enfin qui doit pouvoir permettre à l'apprenant de passer au DSI suivant.

4.1.2.2 Description d'un DSI, d'un Cas, d'une évaluation et d'un test

Nous présentons ici ce qu'on entend pas test, évaluation, devoir surveillé individualisé (DSI) et Cas. Avant d'y arriver nous rappelons qu'un questionnaire est soit un QCM (Question à choix multiple), soit un QB (Question binaire).

31

Test : c'est un ou plusieurs questionnaires qui permettent de comprendre une notion d'un cours. Le système offre à l'auteur la possibilité d'associer à une notion du cours un test.

PRESENTATION SCHEMATIQUE D'UN TEST

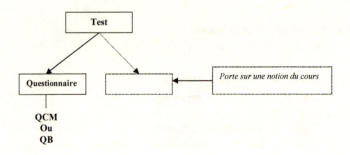

Evaluation : c'est un cas de diagnostic médical, il est composé d'une série de questionnaires, chaque questionnaire de la série est liée à un type de diagnostic.

DSI: c'est une série d'évaluations, fixées suivant les objectifs pédagogiques de l'enseignant.

PRESENTATION SCHEMATIQUE D'UN DSI

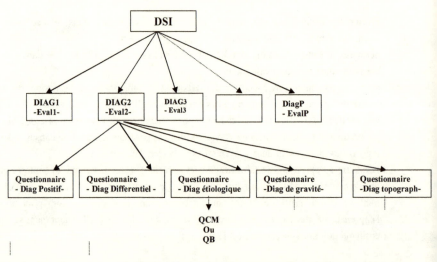

Cas : un cas c'est une série d'informations sur les cinq types de diagnostic qui doivent constituer une évaluation, on l'appelle cas parce qu'il est basé sur du réel. Pour un cas réel, le professionnel renseignera le système sur le patient, son historique médical, ce qu'il pense qu'il a (diagnostic positif), les maladies qui ressemblent à ce que le patient a (diagnostic différentiel), la conclusion tirée après les examens complémentaires s'ils ont eu lieu (diagnostic étiologique), le dégré de gravité de la maladie (diagnostic de gravité), l'endroit du corps qui pose problème (diagnostic topographique), les examens appliqués au malade, les traitements antérieurs s'il en a eu, et le traitement actuel.

PRESENTATION SCHEMATIQUE D'UN CAS

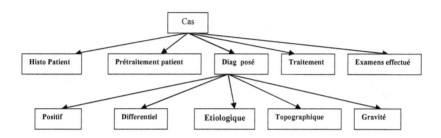

4.1.2.2 Description des cas d'utilisation

Les acteurs du système SDM

Les acteurs du système sont :

- L'apprenant
- L'auteur
- Le professionnel
- L'agent pédagogique émotif

Besoins fonctionnels des acteurs

Acteurs	Cas d'utilisation
Apprenant	Faire les évaluations (Evaluation)
Auteur	Construire les évaluations (Conception Evaluation)
Professionnel	Construire les cas de diagnostic (Conception cas)
Agent pédagogique émotif	Supervise l'évaluation (Supervision évaluation)

- **Evaluation**

33

L'apprenant demande un test ou un DSI

1- L'apprenant demande un DSI (collection d'évaluations).
2- Il reçoit le DSI de l'agent pédagogique émotif.
3- Il repond à chaque évaluation du DSI. Chaque évaluation est une collection de questionnaires.
4- L'agent réagit par rapport à la réponse à chaque questionnaire de chaque évaluation par l'envoie d'un message, d'une image ou d'un son traduisant son état émotif par rapport à la situation de l'apprenant.
5- L'apprenant par rapport à la réaction de l'agent pédagogique émotif a le choix de modifier sa réponse, de solliciter une aide de la part du système et éventuellement confirmer son premier choix
6- L'agent pédagogique émotif valide la dernière réponse de l'apprenant .
7- L'apprenant reprend les séquences 3 à 6 jusqu'à ce que toutes les évaluations du DSI soient épuisées

Si c'est un test, le même processus se passe avec tous les questionnaires du test.

DIAGRAMME DE SEQUENCE EVALUATION

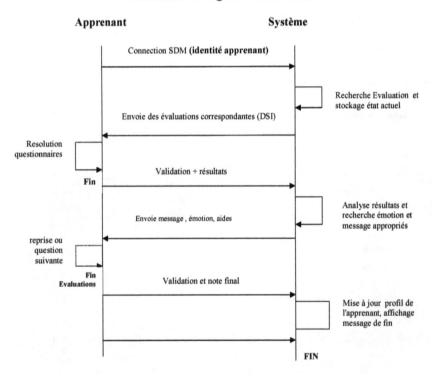

- Conception évaluation

Auteur

Conception Evaluation

L'auteur interagit avec le système dans le but de concevoir des évaluations. La conception des évaluation entraine la génération automatique d'un des questionnaires pouvant faire partie de cette évaluation.

La conception des évaluations se fait à partir des cas de diagnostic.

L'auteur peut aussi concevoir les tests. La composition d'un test est différent de celle des évaluations car le test est lié à des notions du cours, il permet de maîtriser le cours.

LES SCENARIOS DE CONCEPTION D'EVALUATION

1- L'auteur accède à la liste des cas d'utilisation , regroupés par spécialisation.
2- Il sélectionne un cas d'utilisation puis, conçoit les évaluations à partir de ce cas d'utilisation.
3- Une fois les évaluations construites elles sont stockés et des fichiers de questionnaires correspondants sont crées.

DIAGRAMME DE SEQUENCE

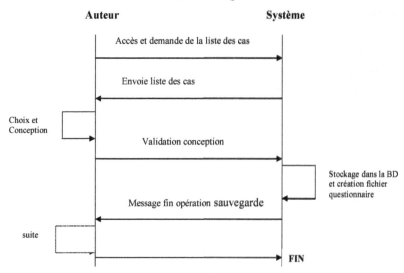

-Conception d'un DSI

DIAGRAMME DE SEQUENCE

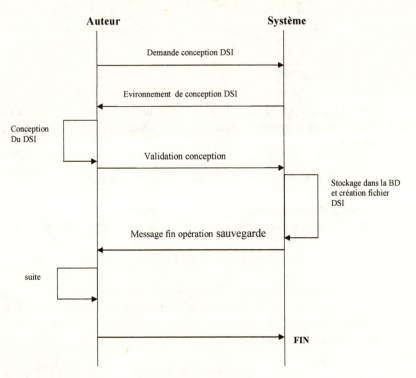

- Conception d'un cas

LES SCENARIOS DE CONCEPTION DES CAS

1- Le professionnel se connecte au système et demande un formulaire de conception des cas
2- Le système envoie un formulaire parmettant au professionnel de :
   o Sélectionner sa spécialité
   o Saisir l'Identification du malade (Nom, prénom, âge)
   o Saisir l'historique du malade Problème posé par le malade
   o Saisir les antécédents du malade
   o Saisir les soins antérieurs appliqués au malade
   o Saisir les diagnostics effectués
   o Saisir les traitements administrés
   o Saisir les autres informations complémentaires.
3- Une fois renseigné, ces informations sont stockées dans une base des cas.

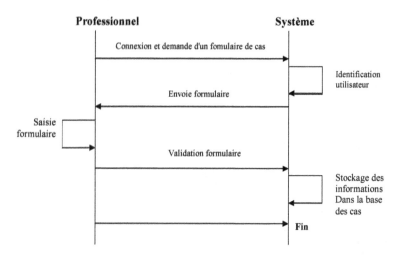

DIAGRAMME DE SEQUENCE

- Supervision évaluation

La supervision de l'évaluation de l'apprenant c'est l'activité de l'agent pédagogique émotif :

1- Il répond à la demande de l'apprenant en lui donnant une évaluation
2- Pour chaque réponse à un questionnaire d'une évaluation, il compare le résultat de l'apprenant avec celle de l'auteur et renvoie une émotion (interaction BD émotion, BD connaissance, module de raisonnement).
3- Il entérine le dernier choix (réponse) de l'apprenant.
4- Il attribut une note à l'apprenant, l'affiche, la sauvegarde.
5- Il fait les étapes 1 à 4 jusqu'à ce que toutes les évaluations soient parcourues
6- Il met à jour le profil de l'apprenant .

La note obtenue à l'évaluation est la moyenne des notes obtenues aux questionnaires, et la note du DSI est la moyenne des notes obtenues aux évaluations.

4.1.2.3 Modèle des classes

Au vue de l'analyse ci-dessus il ressort les classes métiers ou les classes de base suivantes :

- Classe Agent
- Classe Apprenant
- Classe Professionnel
- Classe Auteur
- Classe DSI

- Classe cas
- Classe test

Relation entre les classes

- Le professionnel construit un ou plusieurs cas
- Un DSI provient de un ou plusieurs cas réel
- Un DSI est composé d'une ou plusieurs évaluations
- Une évaluation est composée de un ou plusieurs questionnaires_évaluation
- Un auteur construit un ou plusieurs DSI
- Un APE fournit un ou plusieurs DSI
- Un APE fourni un ou plusieurs Test
- Un apprenant demande un DSI à l'APE
- L'APE fournit un DSI à un ou plusieurs apprenant

DIAGRAMME

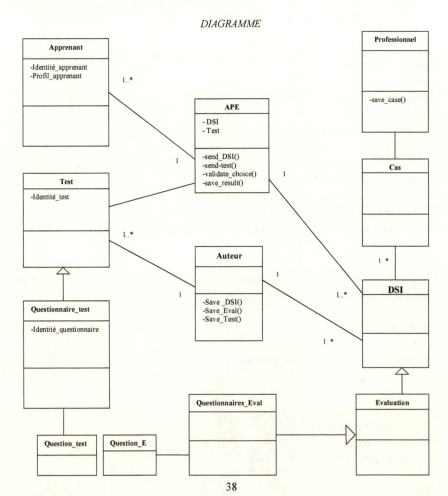

38

4.1.2.4 Modèle de données

Les acteurs interagissent avec le système :

- Pour stocker les cas de diagnostic (Professionnel)
- Pour générer des questionnaires, des tests, des évaluations et les DSI (Auteur)
- Pour demander des évaluations, des tests et des DSI (Apprenant)
- Pour générer des émotions et des messages dans un but pédagogique, et pour stocker les informations sur l'évolution d'un apprenant.

Les informations qui interviennent lors de ses interactions proviennent des bases de données liées aux vues des différents acteurs :

1- L'auteur a besoin des informations de cas réels stockés par le professionnel pour concevoir des évaluations, ces informations proviennent de la base des cas ci-dessous représentée.

BASE DES CAS

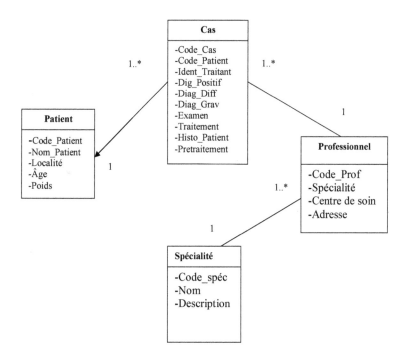

2- L'agent pédagogique émotif pour réagir par rapport aux différentes situations de l'apprenant doit connaître pour chaque type de diagnostic posé, le résultat attendu par l'auteur, les informations qui ont été renseignées dans la base de cas, et le type d'émotion à exhiber. Il fera recourt à sa base de connaissance et à la base des émotions.

BASE DE CONNAISSANCES

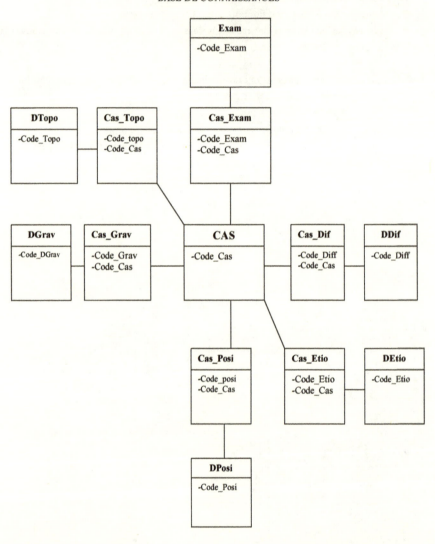

40

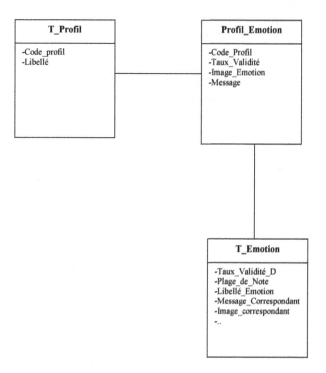

3- L'apprenant interagit avec les questionnaires qui sont des fichiers d'extension.html générés par le système lors de la conception des évaluations et des tests. Nous donnons une représentation sous forme de code d'un exemple de ces fichiers dans la partie mise en œuvre.

4.2 Mise en œuvre

Dans ce paragragraphe , nous présentons le module de raisonnement et l'algorithme de base associé, puis l'architecture golobale de SYDIME, ensuite notre environnement de développement, et enfin quelques écrans et programmes obtenus.

4.2.1 Module de raisonnement

La méthode Analyse_result() de l'APE permet à l'agent de raisonner, cette méthode est soutendu par l'organigramme ci-dessous. Pour analyser, l'agent pédagogique émotif a besoin de connaître le profil de l'apprenant. Ayant le taux de validité lié au diagnostic, il est en mesure d'exhiber une émotion (image représentative, message, indication etc.) correspondante à cette situation. Nous proposons quatre taux de validité :

- **Taux_Validité = 1** indique que le diagnsotic posé est très bon ; la note correspondante est comprise entre 16 et 20, en général c'est la situation où le diagnostic posé coincide avec celle de la base de cas réel. L'image affective correspondante c'est un sourire accompagné d'une approbation, et le message correspondant c'est un message de félicitation.
- **Taux_Validité = 2** indique que le diagnostic posé est bon, l'image affective correspondante c'est un sourire, la note correspondante est comprise entre 12 et 15, et le message correspondant est un message d'encouragement.
- **Taux_Validité = 3** indique que le diagnostic posé est juste acceptable, l'image correspondante est une image d'un individus qui n'est ni content, ni fâché. La note correspondante est comprise entre 10 et 11. Le message renvoyé est une indication pour amener l'apprenant à revoir son choix.
- **Taux _Validité = 4** indique que le diagnostic posé est mauvais, l'image exhibée est une image de tristesse, la note est comprise entre 0 et 9. Les messages renvoyés sont des indications, et les possibilités d'accès aux aides.

Les images renvoyées sont paramètrées en fonction du profil de l'apprenant : un apprenant faible peut par exemple recevoir un encouragement alors que la question qu'il a choisie a un taux de **validité = 3**. Cependant, les messages de consultation des indications et des aides resteront les mêmes.

ORGANIGRAMME DE BASE

4.2.2 Architecture globale de SYDIME

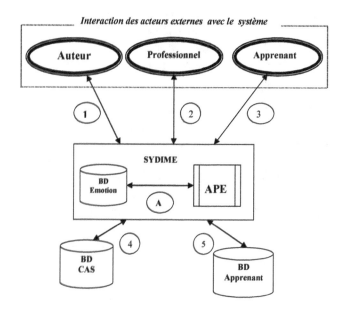

Interaction des acteurs externes avec le système

1 Echange entre auteur et SYDIME, c'est l'auteur qui enrichie la base de connaissance de l'agent.

2 Echange professionnel SYDIME, dans le but d'enrichir la base des cas

3 Echange apprenant et SYDIME, coordonné par l'agent pédagogique émotif

4 Echange SYDIME et base des apprenants d' EITI, il s'agit de la mise à jour du profil de l'apprenant par APE.

5 Echange SYDIME et base des cas créée par le professionnel.

A Echange Agent pédagogique Emotif avec la base des émotions

43

4.2.3 les outils de developpement

Notre développement est essentiellement basé JAVA et Web. L'interface de saisie des cas et l'interface de création des questionnaires sont développées en Java sous l'environnement Jbuilder. L'interface de résolution des questionnaires est une page HTML, et les questionnaires sont des pages HTML, l'agent pédagogique émotif est représenté par une applet Java. Qu'est-ce que Java, Jbuilder, HTML, et une Applet:

JAVA

Java est un langage interprété (qui utilise le pCode). Il a une syntaxe (langage) qui tourne sur plusieurs plates-formes différentes; ce qui signifie que les programmeurs peuvent écrire pour ce langage, et faire tourner leurs programmes sur n'importe quelle plate-forme. Certains autres langages permettent cela également, mais vous devez recompiler pour chaque plate-forme cible. Java vous permet de compiler une seule fois (en pCode), puis l'application résultante peut tourner n'importe où. Java diffère des autres langages car il possède un riche ensemble de Frameworks (librairies d'objets pour les programmeurs, leur permettant d'être plus productifs). Par-dessus tout, le langage est conçu pour éviter ce qu'on appelle les «pointeurs» (c'est là que 60% de tous les programmeurs font des erreurs. Ces erreurs coûtent des milliers de dollars en recherche et réparation). De plus, Java permet plus facilement aux programmeurs de livrer leurs propres Frameworks/librairies afin de les réutiliser dans d'autres projets (par une technique appelée **JavaBeans**) [Dav 98].

Le développement en Java est moins dispendieux (en temps et argent) et il coûte moins chère en frais de maintenance et de déboguage (parce qu'il n'y a pas de pointeurs «fous» ou des bogues subtils semblables), vous avez plus de chance de réutiliser du code écrit en Java (et ainsi ne pas avoir à créer ce qui a déjà été fait), et lorsque vous écrivez en Java, vous pouvez faire tourner l'application résultante n'importe où (sur n'importe quelle plate-forme). Il coûte moins et fait plus.

Il y a deux façons de distribuer des programmes Java :

- Une des façons de distribuer le Java est sous la forme d'«Applet». Une Applet est une mini-application qui ne peut tourner qu'à l'intérieur d'un navigateur (et être exécutée sur un réseau) il est sécuritaire, petit et ne peut faire que des choses limitées. Déjà les Applets jonchent l'Internet, avec un tas de petits Applets résolvant des tas de petits problèmes (tels que les animations, la saisie de données, etc.). Ils ont déjà fait leur marque, et s'apprêtent à faire plus encore.
- L'autre façon de distribuer le Java est sous la forme d'une application. Une application est un programme autonome (qui n'a pas besoin d'un navigateur pour fonctionner). Jusqu'à très récemment les applications Java avaient besoin d'un JVM (Java Virtual Machine) pour être exécutées, mais maintenant le JVM est livré avec le système d'exploitation ou avec les applications elles-mêmes (les rendant plus indépendantes). Ce qui signifie que les applications Java autonomes deviennent beaucoup plus viables.

44

JBUILDER

Nous utilisons la version 4.0 de Jbuilder Professionnel. C'est un environnement de développement offrant le moyen le plus rapide de construction de programmes Java. Il est destiné aux développeurs professionnels. Il permet la construction des applications et des applets hautes performances axées sur les bases de données. JBuilder Professionnel génère du code complètement compatible avec la Suite Client/Serveur de JBuilder afin que vous puissiez faire migrer les applications les plus exigeantes.

JBuilder supporte les dernières technologies Java, y compris les applets, les JSP/Servlets, les JavaBeans, les Enterprise JavaBeans et les applications CORBA distribuées. Il offre une combinaison de fonctionnalités unique :
- le navigateur d'applications AppBrowser avec gestionnaire de projets XML,
- les visionneuses HTML et XML StructureInsight,
- un débogueur graphique évolué,
- un expert de code CodeInsight,
- un éditeur de code extensible,
- des outils bidirectionnels pur Java,
- concepteurs JFC/Swing visuels, BeansExpress, DataExpress

PRESENTATION DE L'ENVIRONNEMENT JBUILDER

Volet projet   Onglet des fichiers

Volet structure   Onglet des vues fichiers   Volet contenu

HTML

HTML signifie HyperText Markup Language, c'est un format permettant de définir les éléments variés d'une "page" qu'on observe avec un logiciel d'exploration du WEB : un Browser (Internet Explorer ou Netscape communicator).

Il définit :
- du texte,
- la mise en forme et en page du texte,
- la place et la taille d'images,
- le positionnement d'animations et de sons,
- la place dans une page de tout autre élément statique ou dynamique géré par le Browser,
- des liens hypertextes vers d'autres pages.

HTML a été conçu au CERN, par des scientifiques loin de toute considération commerciale, pour échanger des informations par-delà les limites des différents ordinateurs, des réseaux, etc.

HTML ne définit que le texte, et établit un lien vers tous les autres éléments de la page : les images, animations, sons etc. ne sont pas inclues mais leur "adresse" URL " est indiquée. HTML est conçu pour mettre en relation des informations nombreuses et éparses. La notion de réseau est donc centrale. Le suffixe .htm définit le format HTML pour les PC, à cause de la limitation à 3 lettres du suffixe.

Définir des pages WEB

Les pages WEB sont toujours définies dans ce langage, ainsi votre Browser traduit le code source HTML, va chercher les éléments externes (images, sons, etc) et reconstitue une page complète qu'il vous présente dans une fenêtre sur votre écran.

Il y a des versions successives de ce langage, permettant de définir plus finement la mise en page et la typographie, qui sont définies par un organisme indépendant (mais soumis à des pressions énormes)

Définir des pages sur votre ordinateur

On peut parfaitement définir des pages en local, sur son propre disque dur et les lire avec Netscape sans utiliser une liaison Internet. On peut aussi travailler sur un réseau local. HTML offre de nombreux avantages :
- Il est indépendant de toute marque, conçu par des usagers pour des usagers, il est donc fait pour libérer et non pour rendre le client captif d'un produit particulier.
- Une page en HTML peut être lue par des ordinateurs de différentes marques pour obtenir essentiellement le même résultat.
- Sa structure distribuée (liens externes) permettent de changer un élément sans rien changer à la page où il s'intègre. Le même élément peut être utilisé plusieurs fois sans devoir le répéter plusieurs fois.
- Lien réseau: On peut intégrer des éléments locaux dans une page personnelle ou destinée à des élèves et des éléments distants dont on intègre l'adresse (URL).

46

Produire du HTML

- Depuis votre traitement de texte

  Tous les traitements de texte récents permettent de convertir un fichier en HTML. Lors de la conversion, le texte sera généralement intégralement respecté, mais la mise en page risque d'être d'autant plus différente de l'original qu'on a affaire à un document complexe.
- Depuis un logiciel de génération de pages HTML

  De nombreux logiciels permettent de composer directement un fichier au format HTML . Plusieurs s'utilisent comme un logiciel de mise en page (Claris Home Page , Adobe PageMill, ou Dreamwever par exemple). Un simple éditeur de texte suffit en principe à créer ou modifier du HTML (Boc-note) mais l'opération s'apparente plutôt à de la programmation qu'à de la rédaction moderne.

Allure HTML

Un exemple simple

```
<HTML>
<HEAD>
<TITLE>Module evaluation SYDIME</TITLE>
</HEAD>
<BODY>

<H3> Evalution diagnostic Positif </H3>
syst&egrave, Cochez la bonne réponse parmi les reponses suivantes :
……..
<BR>
<IMG SRC="Eval.jpeg">
</HTML>
```

On peut noter l'usage de :
- marqueurs définissant la mise en forme du texte et encadrant le texte à modifier

  <H3>La vision des couleurs :</H3>
- marqueurs pour les caractères accentués

  système
- marqueurs pour le lien vers une imag externe

  <IMG SRC="Eval.jpeg">

lire un document HTML

Visualiser la page reconstituée :

Il suffit de glisser le document HTML sur votre Browser .

APPLET

Une applet est un mini-programme Java dont la taille est suffisamment petite pour les inclure dans une page web.

Un navigateur Web permettant l'exécution d'applets en son sein est dit Java-enabled.

Une page HTML contenant des applets est dite Java-powered.

Interêt
L'exécution des applications se fait chez le client :
- plus rapide pour le client
- moins coûteux pour le serveur
- On a une vraie interactivité

Squelette d'une applet
```
class MonApplet extends Applet {
        public void init(){
        ...
        }

        public void start(){
        ...
        }

        public void stop(){
        ...
        }

        public void destroy(){
        ...
        }

        }
```

Intégration dans une page Web
```
&ltAPPLET CODEBASE=... CODENAME=...
    WIDTH=... HEIGHT=...>

</APPLET>
```

Si Java n'est pas supporté
Le tag &ltAPPLET> est ignoré ;
Sinon, c'est ce qui est entre &ltAPPLET> et </APPLET> qui est ignoré.

4.2.4 Les programmes

Interface Professionnel : Ecran de conception d'un Cas de diagnostic

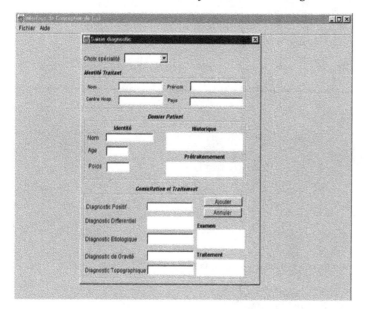

<u>***Fonctionnement***</u>

Le professionnel peut ajouter ou consulter des cas de diagnostic. L'option d'ajout affiche au professionnel une interface de saisie. Le professionnel peut rentrer les informations suivantes:

- Sa spécialité (l'Ajout est impossible si cette information est absente).
- Son identité (Nom, prenom, centre hospitalière, pays etc.).
- Le dossier du patient qu'il a suivi : (identité du patient, son historique , et les prétraitements reçus par le patient).
- Les diagnostics posés sur ce patient :
  - o Diagnostic positif c'est à dire ce que le traitant penssait que le patient a.
  - o Diagnostic différentiel c'est à dire l'ensemble des maladies qui ressemble à celle prévue
  - o Diagnostic étiologique c'est à dire la cause du mal.
  - o Diagnostic de gravité c'est à dire le degré de sévérité de la maladie
  - o Diagnostic topographique c'est à dire la région du corps où se trouve la lésion à l'originede la maladie.
  - o Les examens effectués pour savoir la cause du mal.
  - o Les traitements administrés au malade.

Le bouton "**Ajouter** " permet de renseigner la base des cas.

Interface de l'auteur

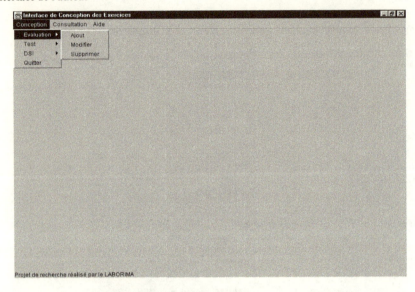

Interface Auteur : Ecran de conception d'une Evaluation

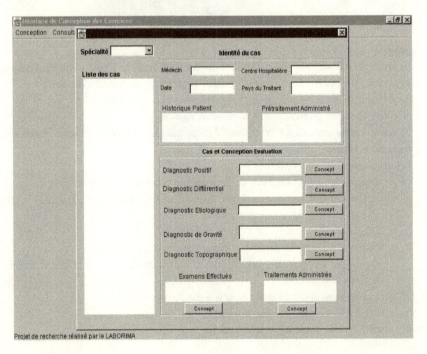

Fonctionnement

L'auteur choisi une spécialité et obtient dans la liste des cas, l'ensemble des cas de la spécialité choisie. En cliquant sur un cas, il obtient toutes les informations sur ce cas (partie droite de l'interface ci-dessus).

Dans la zone **"cas et évaluation"** de l'interface présentée ci-dessus, le système offre à l'auteur la possibilité de générer pour chaque type de diagnostic, une série de questionnaires (QCM et QB). En effet lorsqu'il clique sur bouton **concept,** le système lui présente un écran où il saisira les éventuels diagnostics qu'on peut avoir à l'esprit de poser pour le cas en présence. Pour chaque diagnostic éventuel, il doit saisir : le taux de validité, et les différentiels messages que l'agent pédagogique émotif aura à renvoyer à l'apprenant. Si les cas éventuels sont saisis, en cliquant sur générer, le système lui donne l'interface de saisie des énoncés puis génère les questionnaires dès qu'il valide sa saisie .

ECRAN DE RENSEIGNEMENT DES CAS EVENTUELS ET DE GENERATION DES QUESTIONNAIRES

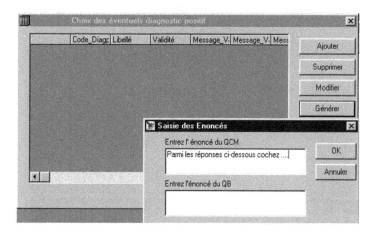

Environnement d'apprentissage

Cet environnement n'est pas encore correctement affiné, nous sommes entrain de mettre sur pied une interface Web sectionnée en cadres (frames), avec une zone de choix des évaluations du DSI ou des tests. Le DSI se présente comme un dossier dans le quel se trouve des fichiers d'évaluations. Un fichier d'évaluation est un fichier "**.html**" contenant une Applet de pilotage qui se sert du fichier texte où se trouvent des questionnaires obtenus lors de la génération (voir construction des évaluations). Pour fixer les idées, nous présentons dans la page ci-dessous un exemple de contenu de cette interface, et le code source qui l'accompagne. Les codes java des classes utilisées seront présentés à la fin du projet dans le document des codes sources. Dans la présentation ci-dessous nous avons juste montré un renvoie de message de correction qui est une Applet, pour prouver la faisabilité en ce qui concerne l'intégration sous forme d'Applets, des images faciales qui vont représenter les émotions.

Exemple de contenu

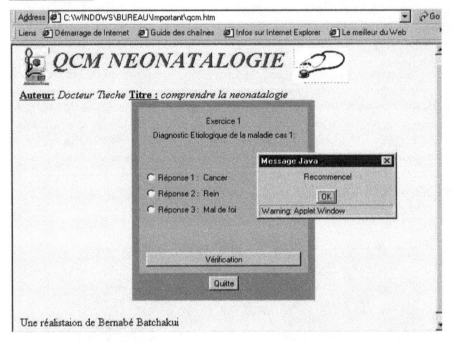

Code source correspondant

```
<html>
<head>
<Title>
 Système de diagnostic Medical- Evaluation réalisée par Batch
</title>
</head>
<body background="stetoscope.gif" bgcolor="#FEFAC8" text="#330033"
link="#008000" vlink="#FF00FF">

<Table border = 0>
 <tr>
    <td> <IMG src="ordimed.bmp" width=80  align=top border=0>
    <td><h1><center><font color="#0000FF"><b><i>QCM NEONATALOGIE
       </i></b></Font></h1></center></td>
    <td><IMG src="stetoscope.jpg" width=80  align=top border=0>

 </tr>
</table>
Auteur : Docteur Tieche Bien comprendre la neonatalogie
<p align="center">
<applet code=qcm3.class width=260 height=300>
<param name=data value="cas1.txt">
</applet>
</p>
<p>Batchakui Bernabé</p>
</body>
</html>
```

Chapitre 5 : Conclusion

5.1 Synthèse

Dans le cadre de ce travail, il nous a été demandé de concevoir et de mettre en œuvre un système de diagnostic médical qui s'intégrera dans EITI comme module d'évaluation pour les enseignements médicaux. Un tel système devait exploiter la technologie d'agent pédagogique émotif pour permettre d'assurer à la fin, une grande interaction élève - ordinateur.

Nous avons dans un premier temps étudié l'environnement EITI qui se présentait comme le contexte de notre travail, puis nous avons proposé un système qui offre trois vues dans son utilisation: une vue de conception des évaluations à base des cas réels de diagnostic, une vue permettant d'enrichir le système d'autant de cas possibles variés venant d'origines diverses, et une vue d'apprentissage coordonnée par un agent pédagogique émotif à partir d'émotions correspondant à des situations dans lesquelles l'apprenant se trouve, et qui le guide dans la pose des diagnostics.

Nous apportons ainsi dans l'enseignement médical :
- un système générique qui peut s'adapter adapté à tous les domaines de la médécine,
- un système capable de générer un maximum d'évaluations possibles avec des types variés (QCM, QB), et plus tard (QO, QL, QCC),
- un système capable d'intégrer un nombre non déterminé de cas réel de daignostics.

5.2 Intérêts

SYDIME doit apporter une contribution très forte dans le domaine de l'enseignement médical, il permettra :
- aux élèves du domaine d'accroître leur performance, et de bénéficier en un temps très court des expériences des pratiquants,
- aux enseignants d'avoir à leur disposition des possibilités leurs permettant d'illustrer sans trop de peine leurs enseignements par des cas réels.
- aux professionnels qui ont la possibilité d'accéder au système de partager leur expérience avec leurs confrères.

SYDIME est un défi relevé. Il permet à EITI de doter nos écoles de médecine d'un environnement complet (basé sur des cas réels) pour la formation à la pose des diagnostics.

5.3 limites et perspectives

Notre étude puise un peu dans l'informatique affective avec son agent pédagogique émotif. Cependant il reste limité par un faible taux de sensibilité du côté apprenant. Il y a bien sûr des cas réels mais pas de patients virtuels. Nous pouvons apporter une solution à ce problème par l'intégration à notre système d'un nouvel agent sensible que nous appèlerons agent patient, sur lequel l'apprenant posera son diagnostic; ainsi nous rendrons notre système encore plus efficace. De plus il est fait pour fonctionner dans un environnement réseau, une étude est en cours pour voir comment ce module peut être utilisé sur des supports de CD-ROM.

Bibliographie

[Abo 99] ABOU JAOUDE S ,FRASSON C ,"Integreting a Believable Layer into Traditional ITS" ,Artificial Intelligence in Education ,Lajioe S P and Vivet M.(Eds),IOS Press , pp.315-324 ,1999 .

[Ako 97] AKOULCHINA I .GANASCIA J-G,"SATELIT- Agent : An Adaptive Interface Based on Learning Interface Agent Technogy ",proceeding of the sixth International Conference ,UM97 (pp.21-32) ,Vienna ,New York ,1997 Url :http:// ai-gate cs uni-sb.de /-UM97 abstracts/Akoulchina I html

[Afa 00] Air FORCE ASSOCIATION ,"Air Force Magazine Space Almanac" , Url :http ://WWW afa org/ magazine /space/spaceterms.html ,le 05/06/2000.

[Atm 01] Atmédia.com , "Portail Internet réalisé par un groupe de médecins", Url : http://www.atmédia.com/, novembre 1999.

[Bec 99a] BECK J E "Tutoring System that Learn ",Artificial Intelligency in Education,Lajoie S P and Vivet M.(Eds) ,IOS Press ,p.794,1999

[Bek 99] BECK J E ,ARROYO WOOLF B P ET AL ,"An Ablative Evaluation ",Artificioal Intelligence in Education ,Lajoie S P and Vivet M.(Eds),IOS Press , pp611-613,1999

[Bed 99] BEDANOKOVA R.,"Distributed User mmModels for Client/Server Architectures " ,Artificial Intelligence in Education , Lajoie S.P.and Vivet M.(Eds),IOS Press 614-616,1999

[Ben96]BERNSTEIN P.A,NEWCOMER E "Principles of Transaction Processing for the system Professional", Morgan Kaufmann Publishers,1996

[Cha 90] CHAN T. W., BASKIN A. B., "Learning Companion system", In Intelligent Tutoring Systems: At the Crossroad of Artificial Intelligence and Education, Frasson C., Gauthier G(Eds), 1990

[Cha 95] CHAIB-DRAA B, "Formal Tools for Multiagent Systems", Département d'Informatique, Faculté des Sciences. Université Laval, Sainte-Foy, QC, GIK 7P4, Canada, Septembre 12, 1995

[Con 99] CONSTANTINO-GONZALES M.A, SUTHERS D.D., "A Coached Computer-Mediated Collaborative Learning Environment for Conceptual Database Design", Artificial Intelligence in Education, Lajoie S.P. and Vivet M. (Eds), IOS Press, pp 635-637, 1999

[Cos 97] Costa E.B., Perkusich A., "A Multi-agent Interactive Learning Environment Model" Proceedings of the workshop on Pedagogical Agents, AI-ED 97, pp 9-16, Kobe, Japan 1997

[Dav 98] David K. Every, "Articles sur les concepts informatiques et vulgarisations", 1998, URL : http://www.multimania.com/

[Dur 87] E. H. Durfee and V. Lesser. Negotiating task decomposition and allocation using partial global planning. In L. Gasser and M. Huhns, editors, Distributed Artificial Intelligence Volume II, pages 229_244. Pitman Publishing : London and Morgan Kaufmann : San Mateo, CA, 1989.

[Enc 02] "diagnostic médical," Encyclopédie Microsoft Encarta 2002 , en ligne http://encarta.msn.fr.

[Ins 99] Institut For Higer Education Policy, "What's the difference ?, Review of Contemporary Research on the Effectiveness of Distance Learning in Higher Education", The Institut for Higher Education Polycy, 1999.

[Jav 99] Cay S. HORSTMAN, Cary CORNELL , "Au cœur de Java, voume I - Notions fondamentales", Publié par CampusPress France 19, rue Michel le Comte 1999.

[Joh 98] JOHSON L. W., "Pedagogicals Agents", Proceedings of ICCE'98, China Higher Education Press and Springer-Verlag, Beijing, Vol. 1, pp. 13-22, 1998.

[Gou 01] Guy Gouardères, Agents et systèmes multi-agents ; Support de cours ; 2001.
[Geo 99] GEORGES S., LEROUX P., "Computer-Supported Pedagogy in a Distributed Collaborative Learning Environment", Artificial Intelligence in Education, Lajoie S.P. and Vivet M. (Eds), IOS Press, pp 679-681, 1999.

[Gil 95] GILBERT D., APARICIO M., ATKINSON B. & AL. "Intelligent Agent Strategy", Technical Report, Research Triangle Park, IBM Corporation, 1995.

[Gir 99] GIRAFFA L.M., MORA M. C., VICCARI R. M., "Towards a new Computational Model to Build a Tutor", Artificial Intelligence in Education, Lajoie S.P. and Vivet M. (Eds), IOS Press, pp 690-692, 1999

[Gos 99] GOSHI K., WRAY P., YONG S. ET AL., "Design of an Intelligent Tutoring System for Teaching and Learning Hoare Logic", Artificial Intelligence in Education, Lajoie S.P. and Vivet M. (Eds), IOS Press, pp 696-698, 1999.

[Gou 98] GOUARDÈRES G., FRASSON C., "On effectiveness of Distance Learning using Lanca", Workshop on Pedagogical Agents, The Fourth International Conference ITS'98, San Antonio, Texas, USA, 1998.

[Gré 99] GRÉGOIRE J.P., ZETTLEMOYER L.S., LESTER J.C., "Detecting and Correcting Misconceptions with lifelike Avatars in 3D Learning Environments", Artificial Intelligence in Education, Lajoie S.P. and Vivet M. (Eds), IOS Press, pp 586-593, 1999.

[Gro 97] GROSS T., TRAUNMUELLER R., "Attempts to Populate the Internet: Evaluating Existing Prototypes", Proceedings of the International Conference on Computers in Education - ICCE'97, Kuching, Sarawak, Malaysia, December 1997.

[Gue 99] GUÉAUD V., PERNIN J-P., "Developing Pedagogical Simulations: Generic and Specific Authoring Approaches", Artificial Intelligence in Education, Lajoie S.P. and Vivet M. (Eds), IOS Press, pp 699-701, 1999.

[Her 98] HERLIHY M., RAJSBAUM S. TUTTLE R. M., "Unifying Synchronous and Asynchronous Message-Passing Models", ACM Symposium on Principles of Distributed Computing, pp. 133-142, 1998.

[Hie 94] HIETALA P., "Learning Companion Systems: an overview". In Complex Learning in Computer Environments: Technology in School, University, Work and Life-long Education, for Information Technology in Education, Report TOTY-P8-1994-04, 1994, pp. 11-15.

[Hor 99] Alain HORVILLEUR, "Aide à la décision médicale assistée par ordinateur ou Internet. Formation continue (FMC)", LYON 1999.

[Fer 95] J. Ferber. Les systèmes multi-agents, vers une intelligence collective. InterEditions, 1995.

[Gio 01] C. Giovanni., F. Leal, P. Chainho, R. Evans, « Agent Oriented Analysis using MESSAGE », article 2001.

[Ian 97] Ian Paul Wright , « Emotional Agents ». A thesis submitted to the faculty of science of the university of Birmingham for the degree of Dotor of Philosophy.

[Lew 99] W. Lewis Johnson, Jeff W. Rickel, « Animated Pedagogical Agents : Face to Face Interaction in interactive learning Environments », journal International sur l'intelligence Artificiel dans l'éducation, 2000.

[Lim 01] Laboratoire d'Informatique Médical de la faculté de médecine de l'université de Rennes I, "Modélisation des connaissances et les serveurs d'informations et de connaissances médicales". Url : http://www.med.univ-rennes1.fr/

[Mau 93] MAURER H., KAPPE F., SCHERBAKOV N., "Authoring a large Distributed Hypermedia System, "Document Linking and Embedding (DLE) concept", Institute for technology, Schieszsttgasse 4a, Graz A-8010 Austria, 1993

[NGA 98].Ngamani et Ntomani , «Document de conception des évaluation de l'atelier d'EIADM », Institut des Technique des Sciences et des Enseignements , ITSE 98.

[Nor 95] Norrie D. H., Gaines B. R, "The Learning Web : A system View and Agent – Oriented Model" , (1995), Url : http://Ksi.cpsc.ca/articles/LeranWeb/EM95J/, le 11 Fevrier 1996.

[Rol 95] Rolland C. , « Conception des bases de données, une méthode orientée objet et événement » , technique de l'ingénieur, paris, 1995.

[Sco 01] W. Scott Reilly and Joseph Bates . "Emotion as part of Broad Agent Architecture". School of Computer Science Carnergie Mellon University Pittsburgh, PA 15217 USA

[Tan 93] Claude TANGHA, «Cours d'intelligence artificielle de troisème année du génie informatique », année 1993.

[Tan 00] TANGHA C., YATCHOU R., "Formation continue et contrôle des connaissances: outils d'évaluation", Actes des VII ème Journées Internationales de Technologie, Beyrouth, Liban, 2-5 mai 200

[Tek97] TEKNOWLEGE CORPORATION, "The Desktop Associate Projet: Technical overview", 1997 Url: http://www.teknowlege.com/desktop_associate/index.htm, le 15 Juin 2000.

[TIE 02] Felix TIECHE , " Les cas de diagnostic medical pour SYDIME ", année 2002.

[Tow 98] TOWNS S.G. FITZGERALD P.J., LESTER J.C "Visual Emotive Communication in likelife Pedagogical Agent" , Proceeding in 4th International conference , ITS'98 , San Antonio, Texas , USA, 1998.

[Uml 97] Pierre –Alain MULLER, « Modélisation objet avec UML », deuxième tire 1997, édition Eyrolles.

[Woo 00] Wooldrige, M., Jennings, N.R., Kinny D. «The Gaia Methodology for Agent-Oriented Analysis and Design ». Kluwer Academic Press, 2000.

[Yin 98] Yin J., El – NASR M. S., YANG L, YEN J. "Incorporation personality Into a Multi-Agent Intelligent System for Treaning teacher" Proceeding in 4th International conference , ITS'98 , San Antonio, Texas , USA, 1998.

[Yat 00] Roland Yatchou Tchana , «Les systèmes multi-agents appliqués à la production d'environnements de interactifs de Télé-Enseignement sur Internet ». Rapport de recherche Juillet 2000.

[Yat 01] YATCHOU R., "Réduction de la distance Transactionnelle et amélioration du contexte social en télé-enseignement sur Internet", Thèse en vue de l'obtention du Doctorat en science de l'ingénierie.

[Zha98] Zhag D., ALEM L., YACEF K., "Using Multi-Agent approach for design of and intelligent learning invironment", Agent and Multi-agent system, pp. 220-230, Wobcke W., Pagnucco M. & Zhang C. (Eds), 1998

ÉDITIONS
UNIVERSITAIRES
EUROPÉENNES

Une maison d'édition scientifique

vous propose

la publication gratuite

de vos articles, de vos travaux de fin d'études, de vos mémoires de master, de vos thèses ainsi que de vos monographies scientifiques.

Vous êtes l'auteur d'une thèse exigeante sur le plan du contenu comme de la forme et vous êtes intéressé par l'édition rémunérée de vos travaux? Alors envoyez-nous un email avec quelques informations sur vous et vos recherches à: info@editions-ue.com.

Notre service d'édition vous contactera dans les plus brefs délais.

Éditions universitaires européennes
est une marque déposée de
Südwestdeutscher Verlag für
Hochschulschriften GmbH & Co. KG
Dudweiler Landstraße 99
66123 Sarrebruck
Allemagne

Téléphone : +49 (0) 681 37 20 271-1
Fax : +49 (0) 681 37 20 271-0
Email : info[at]editions-ue.com
www.editions-ue.com